ESLC Readii

EASY SPA
NOVELS FOR BEGINNERS

With 60+ Exercises & 200-Word Vocabulary

VOLUME 8
Sir Arthur Conan Doyle

"Sherlock Holmes & The Red Haired League"

ESLC READING WORKBOOKS SERIES

ALL RIGHTS RESERVED:

PUBLISHED BY:
EASY SPANISH LANGUAGE CENTER

TRANSLATED, CONDENSED AND PRODUCED BY:
Álvaro Parra Pinto

PROOFREADING:
Magaly Reyes Hill

EDITOR:
Alejandro Parra Pinto

Copyright © 2016 ESLC. All Rights Reserved

ISBN-13: 978-1540521354
ISBN-10: 1540521354

FREE BONUS:

How To Boost Your Spanish Reading Skills!

THANKS FOR BUYING OUR BOOK! And to express our gratitude, we'd like to give you our Free 60–Page Guidelines and Exercises to Boost Your Spanish Reading Skills completely free!

Claim your bonus here:

http://www.easyspanishlanguagecenter.com

ESLC READING WORKBOOKS SERIES

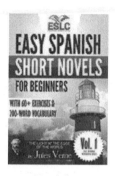

VOLUME 1:
THE LIGHT AT THE EDGE OF THE WORLD
by Jules Verne

VOLUME 2:
THE LITTLE PRINCE
by Antoine de Saint-Exupery

VOLUME 3:
DON QUIXOTE
by Miguel de Cervantes

VOLUME 4:
GULLIVER
by Jonathan Swift

VOLUME 5:
SHERLOCK HOLMES ADVENTURES
by Sir Arthur Conan Doyle

VOLUME 6:
20,000 LEAGUES UNDER THE SEA
by Jules Verne

VOLUME 7:
THE PICTURE OF DORIAN GRAY
by Oscar Wilde

ABOUT THIS WORKBOOK

FUN AND EASY TO READ, this didactic workbook in Easy Spanish is based on the celebrated Sherlock Holmes story: *"The Red Haired League"* (*"La Liga de los Pelirrojos"*), written by the British author Sir Arthur Conan Doyle.

Especially translated, edited and simplified to ease reading practice and comprehension, our text includes simple wording, brief sentences and moderate vocabulary. Also, for your convenience, each chapter is followed by a glossary of Spanish common words and popular expressions and their respective English translations, as well as by fun and simple sets of exercises designed to boost your reading skills and comprehension.

In short words, this workbook series published by the *Easy Spanish Language Center* provides the reading practice and drills you need based on the understanding that reading is *"a complex, active process of constructing meaning"* instead of *"mere skill application."*

THANKS FOR CHOOSING US AND ENJOY YOUR READING PRACTICE!

CONTENTS

1.– UN EXTRAÑO CASO

¡HOLA, AMIGOS! Yo soy el doctor Watson, el mejor amigo del detective más famoso del mundo: Sherlock Holmes. Y hoy quiero hablarles sobre un **extraño caso** conocido como "*La liga de Los Pelirrojos*".

¡Es un caso lleno de sorpresas!

Todo comenzó una mañana de 1891. Un sábado, poco antes del **mediodía**.

Sherlock Holmes y yo estábamos en nuestro apartamento de Baker Street cuando alguien **tocó a la puerta**.

–¿Quién será? –pregunté.

–Vamos a ver –dijo Holmes abriendo la puerta.

Era un hombre alto y gordo, de **edad madura** y con **cabellos rojos como el fuego**:

–Buenos días, caballeros –**saludó** el hombre–. **Permítanme presentarme:** Me llamo Jabez Wilson y busco al señor Sherlock Holmes. ¡Necesito ayuda **urgentemente!**

–Yo soy Sherlock Holmes –le dijo mi amigo.

–¡Gracias a Dios! –exclamó Wilson **estrechando su mano**– ¡Es un placer**, señor Holmes!

,–**El placer es mío**, señor Wilson.

–Tengo un **serio problema ¡y no sé cómo resolverlo!**

–Pareces un buen hombre. Con gusto te ayudaremos. **Permíteme presentarte** al doctor Watson, mi asistente.

—Mucho gusto, señor Wilson —le dije **dándole un apretón de manos**.

-**El gusto es mío**, doctor Watson —dijo el hombre—. ¡Gracias por aceptar ayudarme!

—Díme, amigo Wilson, ¿**cuál es el problema**? —preguntó Holmes.

—¡El problema es que **la Liga de los Pelirrojos** desapareció! ¡Es un misterio!

—¿La Liga de los Pelirrojos? —preguntó Holmes, **levantando una ceja**.

—Sí, señor Holmes. ¡Desapareció **sin dejar rastro**!

—¡Qué extraño! —exclamó Holmes—. Yo nunca escuché hablar de la Liga de los Pelirrojos. ¿Y tú, Watson?

—Yo tampoco —contesté.

—Pues, la Liga de los Pelirrojos es una vieja asociación inglesa —dijo Wilson—. Todos sus miembros tienen cabellos rojos, como yo. ¡Pero hoy misteriosamente desapareció! ¡Por favor, amigos, ayúdenme a resolver este misterio!

DESPUÉS DE LA LECTURA

VOCABULARIO

1.-Extraño caso = extraño ocaso

2.-Mediodía = noon

3.-Tocó a la puerta = knocked on the door

4.-Edad madura = mature age

5.-Cabellos rojos como el fuego = hair red as fire

6.-Saludó = saluted (greeted)

7.-Permítanme presentarme = Allow me to introduce myself

8.-Urgentemente! = Urgently!

9.-Estrechando su mano = shaking his hand

10.-¡Es un placer! = It´s a pleasure!

11.-El placer es mío = The pleasure is mine

12.-Serio problema = serious problem

13.-¡No sé cómo resolverlo! = I don´t know how to solve it!

14.-Permíteme presentarte = Allow me to introduce to you

15.-Dándole un apretón de manos = giving him a hand shake

16.-El gusto es mío = It´s my pleasure

17.-¿Cuál es el problema? = What´s the problema?

18.-La Liga de los Pelirrojos = The Red Haired League

19.-Levantando una ceja = Raising an eyebrow

20.-Sin dejar rastro! = Without leaving trace

EJERCICIOS

1.–Completa la oración:

a.-Sherlock Holmes y Watson estaban en su _____ de Baker Street

b.-Buenos _____, caballeros –saludó el hombre.

c.-Permítanme presentarme: Me _____ Jabez Wilson.

d.-¡El problema es que la Liga de los _____desapareció!

2.–Indica si es Falso o Verdadero:

a.-Este caso sucedió en el año 2016 __

b.-Wilson dijo que tenía un problema muy simple __

c.-Holmes dijo que nunca había oído hablar de la Liga de los Pelirrojos.__

.

3.–Preguntas de selección múltiple:

Seleccione una única respuesta por cada pregunta:

1.-¿Quién es el doctor Watson?

a.-El cocinero de Sherlock Holmes.

b.-El mejor amigo de Sherlock Holmes.

c.-El capitán del Nautilus.

d.-El médico de la Reina de Inglaterra.

2.-¿Cómo era Jabez Wilson?

a.-Joven, bajo, flaco y cabellos negros.

b.-Alto y gordo, con cabellos rojos.

c.-Viejo, con larga barba blanca.

d.-Un niño pequeño y alegre.

3.-¿Qué es la liga de los Pelirrojos?

a.-Una asociación de hombres con cabellos rojos.

b.-Un grupo de pájaros de plumas rojas.

c.-Una banda de rock.

d.-Un club de golf.

4.-¿Qué quería Wilson?

a.-Que Holmes le ayudara a resolver el misterio.

b.-Que Holmes fueran con él a la playa.

c.-Que Holmes le diera dinero.

d.-Nada, fue una vista de cortesía

SOLUCIONES CAPÍTULO 1

1.-Completa cada oración:

a.-Apartamento

b.-días.

c.-llamo.

d.-Pelirrojos.

2.-Indica si es Verdadero o Falso:

a.-F.

b.-F.

c.-V.

3.-Preguntas de selección múltiple:

1.-b.

2.-b.

3.-a.

4.-a.

2– EL ANUNCIO DE PRENSA

PASE ADELANTE, Wilson –dijo mi amigo, caminando hacia el sofá–. Tomemos asiento.

–Gracias, Holmes –dijo el **recién llegado**.

Todos nos sentamos y mi amigo agregó:

—Todo tiene una explicación, Wilson. Resolveremos el misterio. Pero primero debes contarnos todo, desde el principio. ¿Eres miembro de la Liga de los Pelirrojos?

—Sí, Holmes, soy uno de sus miembros desde hace dos meses.

—¿Dos meses?

—Sí, desde el día que comencé a trabajar con ellos. Fue hace exactamente ocho semanas. Antes de eso, yo no los conocía.

—¿Cómo los conociste?

—Conocí la Liga gracias a mi asistente, Vicente Spaulding.

—¿Otro pelirrojo?

—No, señor Holmes. Yo trabajo cuatro horas en la Liga. El resto del tiempo estoy en mi tienda. Soy dueño de una **casa de empeños** en la Plaza Coburg. Es un comercio pequeño. Antes tenía dos empleados, pero ahora sólo tengo uno. Gracias a Dios Spaulding **trabaja por medio salario** mientras aprende. ¡De otro modo no podría pagarle!

—¿Trabaja por medio salario? —pregunto Holmes.

—Sí, señor. Es un joven muy honesto y trabajador. Y le gusta mucho la fotografía. Siempre toma fotos en **el sótano.** Un día, hace dos meses, Spaulding me mostró un **anuncio de prensa** publicado por la Liga en el *Morning Chronicle.* Así los conocí

Wilson sacó un viejo **periódico** de un bolsillo y dijo:

–Aquí tengo el anuncio. Ellos buscaban a **un pelirrojo** para trabajar con ellos. ¡Y Spaulding pensó que yo era el hombre ideal!

–¿Puedo ver ese anuncio, por favor? –preguntó Holmes.

–**Por supuesto** –dijo entregándole el periódico–. Está en la **última página**. .

Holmes **aclaró su garganta** antes de leer **en voz alta**:

*"ATENCIÓN **PELIRROJOS**:*

"La Liga de los Pelirrojos busca a un hombre de cabellos rojos, mayor de 21 años y de buena salud, para trabajar cuatro horas al día. El salario es de cuatro libras a la semana.

*"**Entrevistas** mañana en Duncan Ross de Fleet Street."*

–A Spaulding le pareció que la paga era muy buena –dijo Wilson–. Y ese dinero podía ayudarme con mi pequeña tienda.

"Le dije que no estaba interesado porque seguramente que miles de pelirrojos estarían interesados en ese **empleo**. Sin embargo, Spaulding pensó que yo era el hombre ideal para el trabajo porque mis cabellos tenían un tono rojo intenso y **brillante como el fuego**.

Dijo que sólo eran cuatro horas al día y que él podía encargarse de la tienda mientras yo no estaba. También ofreció acompañarme a la entrevista.

"El día siguiente, a las nueve, cerramos la tienda y fuimos a la entrevista. Pero cuando llegamos al edificio Duncan Ross de Fleet Street vimos a cientos de pelirrojos esperando. ¡Fue un espectáculo impresionante señor Holmes! "

–¡**Qué experiencia**! –dijo Holmes.

–Inicialmente **yo me desanimé**, lo admito. Pero Spaulding me ayudó a atravesar la multitud. ¡A todos les dijo que yo era uno de los directores de la Liga!

–¿Uno de los directores?

–¡Sí! ¡Y todos le creyeron!

–¡Qué joven tan ingenioso! –exclamé.

–Y así, gracias a mi asistente y sin tener que esperar nuestro turno, ¡finalmente llegamos a la oficina y entramos de inmediato y sin problemas!

DESPUÉS DE LA LECTURA

VOCABULARIO

1.-Pase adelante = Step right in (enter)

2.-Recién llegado = newcomer

3.-Casa de empeños = pawn shop

4.-Trabaja por medio salario = works for half salary

5.-El sótano = the basement

6.-Anuncio de prensa = newspaper ad

7.-Periódico = newspaper

8.-Un pelirrojo = a red haired

9.-Por supuesto = Of course

10.-Última página = last page

11.-Aclaró su garganta = cleared his throat

12.-En voz alta = out loud

13.-Pelirrojos = red-haired people

15.-Entrevistas = Interviews

16.-Empleo = job

17.-Brillante como el fuego = Bright as fire

18.–¡Qué experiencia! = What an experience!

19.-Yo me desanimé = I was discouraged

26-"Príncipe Azul" = "Blue Prince" ("Prince Charming")

27-Así me llama = That's how she calls me

28-Hacerte cumplidos = compliment you

29-Actuar = perform

30-Maravillosa = wonderful

31-Muy bien = very well (fine)

32-Puedes contar con nosotros = You can count on us

EJERCICIOS

1.–Completa la oración:

a.-Wilson sacó un viejo _____ de un bolsillo.

b.-La liga de los pelirrojos buscaba a un _____ para trabajar con ellos.

c.-A Spaulding le pareció que la paga era muy _____ –dijo Wilson.

2.–Indica si es Falso o Verdadero:

a.-Wilson era miembro de la Liga de los Pelirrojos desde hace 9 meses___.

b.-Wilson tenía cabello azul intenso y brillante___.

c.-Wilson fue con Spaulding a la entrevista___.

3.–Preguntas de selección múltiple:

Seleccione una única respuesta por cada pregunta

1.-¿Cuánto tiempo tenia Wilson como miembro de la Liga de los Pelirrojos?

a.-Un año.

b.-Dos meses.

c.-Dos años.

d.-Dos días.

2.-¿Cuántas horas al día debía trabajar Wilson en la liga de los pelirrojos?

a.-8 horas.

b.-4 horas.

c.-24 horas.

d.-Ninguna.

3.-¿Qué le dijo Spaulding a quienes esperaban la entrevista?

a.-Que Wilson era uno de los directores de la Liga.

b.-Que Wilson era un músico famoso.

c.-Que Wilson era Sherlock Holmes.

d.-No dijo nada.

SOLUCIONES CAPÍTULO 2

1.-*Completa cada oración:*

a.-periódico.

b.-pelirrojo.

c.-buena.

2.-Indica si es Verdadero o Falso:

a.-F.

b.-F.

c.-V.

3.-*Preguntas de selección múltiple:*

1.-b.

2.-b.

3.-a.

3–SIBYL CONFIESA SU AMOR

DESPUÉS DE HABLAR sobre el anuncio de prensa y cómo entraron al edificio, Wilson nos explicó que al entrar a la oficina de la Liga vieron a un hombre viejo y pelirrojo sentado detrás de un escritorio, frente al cual había dos sillas.

–Éste es el señor Jabez Wilson –dijo Spaulding **apenas entraron** a la oficina–. Es uno de los mejores candidatos para trabajar en la Liga.

El viejo pelirrojo se levantó y examinó a Wilson sin decir una palabra.

–Mucho gusto, señor Wilson –le dijo finalmente, estrechando su mano–. Soy Judas Hopkins, nieto del fundador de la Liga de los Pelirrojos.

–El gusto es mío, señor Hopkins.

–Mi abuelo, Ezekiah Hopkins, era un millonario inglés de cabellos rojos como el fuego. Era un excéntrico que simpatizaba con todos los pelirrojos. Cuando murió, hace cincuenta años, dejó instrucciones para invertir su enorme fortuna en ayudar a los pelirrojos de Inglaterra. Y desde entonces, nuestra Liga ha realizado ese noble trabajo.

–¡Qué interesante, señor Hopkins!

El viejo se acercó a Wilson y examinó de cerca sus cabellos rojos.

–¡Dios mío! –exclamó después de varios segundos– ¡Su cabello es formidable! ¡No recuerdo haber visto nada tan perfecto!

–Gracias –dijo Wilson **ruborizándose**.

Luego, sin decir una palabra, Hopkins tiró del cabello de Wilson con las dos manos, hasta hacerlo gritar de dolor:

–¡Ay! –exclamó el pobre candidato– ¿Qué pasa?

–Lo siento, señor Wilson, pero es una precaución necesaria. Veo lágrimas en sus ojos, así que todo está bien.

–¿Todo está bien?

–Sé que es injusto, señor Wilson, pero la Liga debe ser cuidadosa. Varias veces nos han engañado con pelucas. ¡Algunas personas hasta se pintan el pelo! Y yo debo proteger el legado de nuestro noble benefactor.

–Lo entiendo.

–¿Está usted casado, señor Wilson? ¿Tiene hijos?

–No – respondió. Mi esposa murió y no tuvimos hijos.

–¡Oh Dios! –dijo Hopkins, **poniéndose pálido**– ¡Qué lástima! La Liga tiene como objetivo la propagación y expansión de los pelirrojos.

–¿Hay algún problema, señor Hopkins?

–¡Es terrible que usted no tenga hijos, señor Wilson! Sin embargo, creo que en su caso podemos **hacer una excepción. Después de todo,** sólo trabajará cuatro horas al día. De diez de la mañana a dos de la tarde.

—Me parece muy bien —dijo Wilson—. También debo atender **mi propio negocio**.

—No hay problema, señor Wilson. La única condición es que usted permanezca las cuatro horas en la oficina. Si sale, **automáticamente** perderá el puesto para siempre. El testamento de mi abuelo es muy claro en este aspecto.

—No se preocupe, señor Hopkins. Sólo son cuatro horas al día. Si la Liga me contrata no saldré de la oficina.

—¡No aceptaremos excusas! —insistió Hopkins—. Ni enfermedad, ni negocios, ni nada de nada. ¡Permanecerá aquí o perderá su trabajo!

—¿Y cuál es el trabajo?

—Copiar la *Enciclopedia Británica*.

—¿La *Enciclopedia Británica?*

—*Sí, comenzando por el primer volumen.* Usted pondrá el papel, la pluma y la tinta. Nosotros le daremos esta oficina. ¿Podrá empezar mañana?

—Claro que sí.

—Entonces, señor Jabez Wilson, ¡el trabajo es suyo!

—¿**Quiere decir** que **conseguí el trabajo**?

—Sí, señor Wilson. **Como dije**, el trabajo es suyo. Lo esperamos mañana a las diez. ¡Congratulaciones!

DESPUÉS DE LA LECTURA

VOCABULARIO

1.-Después de hablar = after talking

2.-Apenas entraron = As son as they entered

3.-Ruborizándose = blushing

4.-Poniéndose pálido = turning pale

5.-Hacer una excepción = make an exception

6.-Después de todo = After all

7.-Mi negocio propio = **my** own business

8.-Automáticamente = automaticaly

9.-Quiere decir = Do you mean to say

10.-Conseguí el trabajo = I got the job

11.-Como dije = Like I said

EJERCICIOS

1.–Completa la oración:

a.-Wilson explicó que al entrar a la oficina vio a un hombre
_____ pelirrojo.

b.-Hopkins tiró del cabello de Wilson con las dos _____.

c.-Hopkins le dijo a Wilson que tendría que traer papel, pluma y
_____.

2.–Indica si es Falso o Verdadero:

a.-Judas Hopkins era nieto del fundador de la Liga de los Pelirrojos
__.

b.-Wilson dijo que tenía cuatro hijos __.

c.-Wilson consiguió el trabajo __.

3.–Preguntas de selección múltiple:

Seleccione una única respuesta por cada pregunta:

1.-¿Qué instrucciones dejó Ezekiah Hopkins al morir?

a.-Invertir su fortuna en ayudar a los pájaros.

b.-Invertir su fortuna en ayudar a los pelirrojos.

c.-Invertir su fortuna en ayudar a los niños pobres.

d.-No dejó instrucciones.

2.-¿Cuál sería el trabajo de Wilson en la Liga de los pelirrojos?

a.-Ordeñar vacas.

b.-Cuidar niños

c.-Copiar la Enciclopedia Británica.

d.-Vender pan.

3.-¿Cuál era la única condición del trabajo?

a.-Permanecer cuatro horas en la oficina.

b.-Pintarse el cabello de azul.

c.-Dormir todo el día.

d.-No había condiciones.

SOLUCIONES CAPÍTULO 3

1.-Completa cada oración:

a.-Viejo.

b.-manos.

c.-tinta.

2.-Indica si es Verdadero o Falso:

a.-V.

b.-F.

c.-V.

3.-Preguntas de selección múltiple:

1.-b.

2.-c.

3.-a.

4— MISTERIOSA DESAPARICIÓN

–Y ASÍ FUE COMO comencé a trabajar en la Liga de los Pelirrojos –dijo Wilson al terminar de **relatar su historia**.

–Qué interesante –dijo Holmes–. ¿Y realmente **te contrataron** para copiar la Enciclopedia Británica?

–Sí, Holmes. El día siguiente, a las diez de la mañana, fui a la oficina de la Liga. El señor Hopkins me estaba esperando. Dijo que comenzara por la letra "A" y se marchó. Regresó a las dos, me felicitó por mi trabajo y cerró la oficina cuando yo salí. Hizo lo mismo todos los días. Y todos los sábados me dio cuatro libras, excepto hoy. Cuando llegué la puerta estaba cerrada con llave y tenía un **letrero**.

–¿Un letrero? –preguntó Holmes.

–Una hoja blanca, tamaño carta. Estaba **clavada** en la puerta, con una pequeña **tachuela** y decía: '*La Liga de los Pelirrojos está disuelta.*'

–¿Sólo eso?

–Sí, Holmes.

–¿Y qué pasó después de ver el letrero en la puerta?

–Pues, yo no sabía qué hacer. Estaba muy sorprendido. Fui a las oficinas vecinas, pero nadie sabía nada del asunto. Finalmente, fui a ver al administrador del edificio y le pregunté si sabía qué había pasado con la Liga de los Pelirrojos. Para mi sorpresa me dijo que jamás escuchó hablar de esa sociedad.

"Entonces le pregunté por el señor Hopkins. Me dijo que era la primera vez que escuchaba ese nombre. Pero cuando le dije que era el pelirrojo de la oficina del segundo piso me dijo que se llamaba William Morris y que ayer entregó la oficina.

"Le pregunté dónde podía encontrarlo y me dio la dirección de su nueva oficina. Pero cuando llegué al lugar, era una fábrica de **rodilleras artificiales**. **¡Nadie ahí** conocía a William Morris y tampoco al señor Judas Hopkins! ¡Y jamás habían oído hablar de la Liga de los Pelirrojos! Por eso vine por ayuda, señor Holmes…"

—Hiciste bien –dijo Holmes–. Me interesa el caso. **Sospecho** que aquí hay cosas más graves **de lo que parece a simple vista.**

–¡Muy graves! –dijo Wilson– ¡Me quedé sin cuatro libras a la semana! ¿Qué debo hacer?

–Yo creo que alguien quería **distraerte** –dijo Holmes.

–¿Distraerme?

–Sí, sacarte de la tienda.

–¿Pero por qué?

–Eso es lo que tenemos que **averiguar. ¿No falta nada en la tienda?**

–¿En la tienda? No…

–¿Y **qué puedes decirme** de tu asistente? Él fue el primero en hablar de la Liga de los Pelirrojos, ¿verdad?

–Sí, Holmes.

–¿Y cuánto tiempo llevaba trabajando en la tienda?

–Menos de un mes.

–¿**Cómo lo conociste**?

–Publiqué un anuncio de prensa.

–¿**Hubo** otros candidatos?

–Una docena.

–¿Y **por qué seleccionaste** a Spaulding?

–**Como dije**, Spaulding ofreció trabajar por medio salario mientras aprendía. Por eso **lo contraté**.

–¿**Cómo describirías** a Spaulding? ¿**Confías en él**?

–Sí, confío en él. Es un joven muy honesto y trabajador. Y le gusta mucho la **fotografía**. Siempre **toma fotos** en **el sótano.**

–¿En el sótano?

–Sí, Holmes, ahí pasa **su tiempo libre**.

–¿Y en este momento está en la tienda?

–¡Oh, sí! Acabo de verlo ahí.

–¿Y no hubo problemas durante **tu ausencia**?

–No, Holmes. No hubo problemas. Nunca hay mucho trabajo por las mañanas.

–Quiero conocer a tu asistente. Por favor, **no regreses** a la tienda hasta después del mediodía. Necesito hablar con él a solas. Después **investigaré algunos asuntos** y mañana **te daré mi opinión**.

DESPUÉS DE LA LECTURA

VOCABULARIO

1.-Y así fue como = And that is how

2.-Relatar su historia = tell his story

3.-Letrero = sign

4.-Clavada = nailed

5.-Tachuela = tack

6.-Rodilleras artificiales = artificial knee caps

7.-Nadie ahí = no one there

8.-Sospecho = I suspect

9.-De lo que parece a simple vista = that what seems at plain sight

10.-Distraerte = distract you

11.-Averiguar = find out

12.-¿No falta nada en la tienda? = Wasn´t there anything missing at the shop?

13.-Y qué puedes decirme = And what can you tell me

14.-¿Cómo lo conociste? = How did you meet him?

15.-Hubo = was there (were there)

16.-Y por qué seleccionaste a = and why did you pick

17.-Como dije = A I said

18.-Lo contraté = I hires back in alista{

19.-¿Cómo describirías…? = How would you describe

20.-¿Confías en él? = Do you trust him?

21.-Fotografía = photo

22.-Toma fotos = shoots pictures (takes photos)

23.-El sótano = the basement

24.-Su tiempo libre = his free time

25.-Tu ausencia = your absence

26.-No regreses = do not return

27.-Investigaré algunos asuntos = investigate a few matters

28.-Te daré mi opinión = I will give you my opinion

EJERCICIOS

1.–Completa la oración:

a.-¿Y realmente te _____ para copiar la Enciclopedia Británica?-preguntó Sherlock Holmes,

b.-En la puerta había un _____ que decía *"La Liga de los Pelirrojos está disuelta"*

c.-Spaulding ofreció trabajar por medio _____mientras aprendía.

2.–Indica si es Falso o Verdadero:

a.-Wilson recibía todos los sábados 10 libras __.

b.-Wilson dijo que faltaba un cofre en la tienda __.

c.-Spaulding era un joven muy honesto y trabajador __

3.–Preguntas de selección múltiple:

Seleccione una única respuesta por cada pregunta:

1.-¿Cómo se sintió Wilson al ver el letrero en la puerta?

a.-Feliz.

b.-Sorprendido.

c.-Asustado.

d.-Indiferente.

2.-¿Qué le parecía Holmes el relato de Wilson?

a.-Aburrido.

b.-Interesante.

c.-Cómico.

c.-Aburrido.

3.-*¿Cuánto tiempo llevaba Spaulding trabajando en la tienda?*

a.-3 años.

b.-8 meses.

c.-Menos de un mes.

d.-Un día.

4.-*¿Qué dijo Holmes sobre Spaulding?*

a.-Que iría a conocerlo.

b.-Que no le interesaba conocerlo.

c.-Que lo mataría.

d.-Que estaba loco.

.

SOLUCIONES CAPÍTULO 4

1.-Completa cada oración:

a.-contrataron.

b.-letrero.

c.-salario.

2.-Indica si es Verdadero o Falso:

a.-F.

b.-F.

c.-V.

3.-Preguntas de selección múltiple:

1.-b.

2.-b.

3.-c.

4.-a.

5– HOLMES INVESTIGA EL CASO

CUANDO WILSON SE MARCHÓ, Holmes **me dijo que me preparara**.

—Vamos, Watson. Iremos a la tienda del señor Wilson. Quiero conocer a su asistente.

—Muy bien, Holmes, iré por **mi abrigo**.

—**Te espero**. Después de visitar la tienda de Wilson **iremos a almorzar**. Luego quiero ir a un hermoso **concierto** en el teatro St. James Hall de Londres.

—¿Un concierto?

—Sí, Watson. Esta tarde el **célebre** violinista español Pablo de Sarasate **dará** un concierto en ese teatro. ¿Quieres ir?

—Me parece bien. Hoy no tengo **nada más que hacer** – le dije.

—Entonces vamos, Watson.

Poco después salimos del apartamento y tomamos el Metro.

Caminamos **varias cuadras** y finalmente llegamos a la casa de empeños del señor Wilson.

Era una tienda pequeña.

Estaba ubicada frente a la Plaza Coburg, **al lado del** Banco Público de Londres, una de las **instituciones financieras** más sólidas de la ciudad.

Holmes y yo abrimos la puerta de la tienda y sonó una campana.

En ese momento vimos a un joven subir del sótano. Era Vicente Spaulding.

–Buenos días, caballeros, **¿puedo ayudarles**?

–Mi amigo está interesado en comprar un reloj de bolsillo –dijo Holmes.

–¿Un reloj de bolsillo? –preguntó Spaulding–. Tenemos varios,,,

Mientras el asistente de Wilson me mostró varios relojes, Holmes **inspeccionó** el lugar.

Después de unos minutos, Holmes dijo:

-Vamos Watson, **se hace tarde**, **volveremos otro día**.

Nos despedimos y salimos de la tienda.

Entonces Holmes **caminó alrededor** del edificio dando golpes fuertes en el suelo con su bastón.

Yo no lo entendía.

Luego Holmes me dijo:

-Spaulding es mi **principal sospechoso**.

-¿En serio? ¿Por qué? –le pregunté con gran curiosidad.

–Después te lo explicaré, querido Watson. Por ahora ya trabajamos suficiente. Vamos a almorzar. Y después iremos al concierto. En este momento, un poco de comida y música es justo lo que necesitamos.

DESPUÉS DE LA LECTURA

VOCABULARIO

1.-Cuando Wilson se marchó = when Wilson left

2.-Me dijo que me preparara = he told me to get ready (to prepare)

3.-Mi abrigo = my coat

4.-Te espero =I will wait for you

5.-Iremos a almorzar = we´ll go have lunch

6.-Concierto = concert

7.-Célebre = celebrated (famous)

8.-Dará = will give

9.-Nada más que hacer = nothing more to do

10.-Poco después = Shortly after

11.-Varias cuadras = several blocks

12.-Estaba ubicada = was located

13.-Al lado del = next to

14.-Instituciones financieras = financial institution

15.-¿puedo ayudarles? = ¿can I help you?

16.-inspeccionó = inspected

17.-Se hace tarde, volveremos otro día = It's getting late, we'll come back another day.

EJERCICIOS

1.–Completa la oración:

a.-Vamos, Watson. Iremos a la tienda del señor Wilson. Quiero conocer a su _____ -dijo Holmes.

b.-Mi amigo está interesado en comprar un _____ de bolsillo –dijo Holmes.

c.-Spaulding es mi principal _____ –dijo Holmes.

2.–Indica si es Falso o Verdadero:

a.-La tienda de Wilson estaba ubicada al lado del Banco Público de Londres __

b.-Después de visitar la tienda, Holmes y Watson iban a un concierto __

c.-El asistente de Wilson le mostró a Watson varios zapatos ___

3.-Preguntas de selección múltiple:

Seleccione una única respuesta por cada pregunta:

1.-¿Cómo era la tienda de Wilson?

a.-Pequeña.

b.-Grande.

c.-Desordena y fea.

d.-No era una tienda. Era una oficina.

2.-¿Qué hizo Holmes mientras Spaulding le mostraba los relojes a Watson?

a.-Compró unos zapatos.

b.-Inspeccionó el lugar.

c.-Fumó su pipa.

d.-Se durmió.

3.-¿Qué hizo Holmes cuando salió de la tienda?

a.-Caminó alrededor del edificio.

b.-Llamo a Wilson por teléfono.

c.-Fue a la playa.

d.-Tocó su violín.

SOLUCIONES CAPÍTULO 5

1.-Completa cada oración:

a.-asistente.

b.-reloj.

c.-sospechoso.

2.-Indica si es Verdadero o Falso:

a.-V.

b.-V.

c.-F.

3.-Preguntas de selección múltiple:

1.-a.

2.-b.

3.-a.

6– EN EL TEATRO ST. JAMES

"ALL AFTERNOON HE SAT IN THE STALLS."

DESPUÉS DE ALMUERZO Holmes y yo fuimos al concierto del violinista Pablo de Sarasate en el teatro St. James Hall de Londres.

A Holmes **le gustaba interrumpir** sus investigaciones antes de **resolver un caso**.

Muchas veces iba a un concierto y, mientras **disfrutaba** de la música, le llegaba mentalmente la solución. Y entonces veía con claridad no sólo **lo que había sucedido**, sino también **lo que iba a suceder**.

Esa tarde, durante el concierto, Holmes se veía feliz. **Marcaba suavemente** el ritmo de la música con sus largos dedos.

Al salir del **espectáculo**, Holmes miró su **reloj de bolsillo** y me preguntó si yo quería regresar al apartamento.

–Sí, Holmes, ¿vamos?

–**Yo tengo que hacer** algo importante que **me tomará** varias horas.

–¿Algo importante?

–Sí, Watson. Creo que el caso de la Liga de los Pelirrojos **es más grave** de lo que **usted imagina**.

–¿Por qué?

–Porque **todo indica que** se está preparando un crimen importante. Y creo que **será cometido esta noche**.

–¿Esta noche?

–Sí, Watson. Pero **podemos impedirlo**. **¿Puedo contar con tu ayuda** esta noche?

–**¿A qué hora**?

–A las diez **estará bien**. A esa hora te **iré a buscar** en el apartamento.

–No te preocupes, amigo. **Ahí estaré**.

–Muy bien, Watson. **Quizás sea peligroso**. Por favor lleva tu revolver.

Holmes **se despidió** y en un instante **desapareció entre la gente**

DESPUÉS DE LA LECTURA

VOCABULARIO

1.-Después de almuerzo = after lunch

2.-Le gustaba interrumpir = liked to interrupt

3.-Resolver un caso = solve a case

4.-Disfrutaba = enjoyed

5.-Lo que había sucedido = what had happened

6-Lo que iba a suceder = what was to happen

7.-Marcaba suavemente = softly marked (softly kept)

8.-Espectáculo = show

9.-Reloj de bolsillo = pocket watch

10.-Yo tengo que hacer = I have to make

11.-Me tomará = will take me

12.-Es más grave = it is graver (severer)

13.-Usted imagina = You imagined

14.-Todo indica que = Everything indicates that

15.-Será cometido esta noche = will be commited tonight

16.-Podemos impedirlo = we can prevent it

17.-¿Puedo contar con tu ayuda...? = Can I count on your help?

18.-¿A qué hora? = At what time?

19.-Estará bien = It´ll be all right

20.-Iré a buscar = I will go get (I will fetch)

21.-Ahí estaré = I will be there

22.-Quizás sea peligroso = It might be dangerous

23.-Se despidió = bid farewell

24.-Desapareció entre la gente = disappeared in the crowd

EJERCICIOS

1.–Completa la oración:

a.-A Holmes le gustaba _____ sus investigaciones antes de resolver un caso.

b.-Creo que el caso de la Liga de los Pelirrojos es más _____ de lo que usted imagina – dijo Holmes.

c.-Watson, ¿Puedo contar con tu _____ esta noche?–dijo Holmes.

2.–Indica si es Falso o Verdadero:

a.-Holmes muchas veces iba a cocinar antes de resolver un caso __

b.-Holmes creía que el caso de la Liga de los Pelirrojos era fácil __

c.-Holmes le dijo a Watson que podían impedir el crimen __

3.–Preguntas de selección múltiple:

Seleccione una única respuesta por cada pregunta:

1.-¿Cómo se sentía Holmes durante el concierto?

a.-Triste.

b.-Feliz.

c.-Preocupado.

d.-Aburrido.

2.-¿Cómo descriió Holmes el caso de la Liga de los Pelirrojos?

a.-Grave.

b.-Cómico.

c.-Triste.

d.-Ridículo.

3.-¿Quién pensaba que se estaba preparando un crimen?

a.-Watson.

b.-Wilson.

c.-Holmes.

d.-Pokemón.

SOLUCIONES CAPÍTULO 6

1.-Completa cada oración:

a.-interrumpir.

b.-grave.

c.-ayuda.

2.-Indica si es Verdadero o Falso:

a.-V.

b.-V.

c.-F.

3.-*Preguntas de selección múltiple:*

1.-b.

2.-a.

3.-c.

4.-a.

7- EL PLAN DE SHERLOCK HOLMES

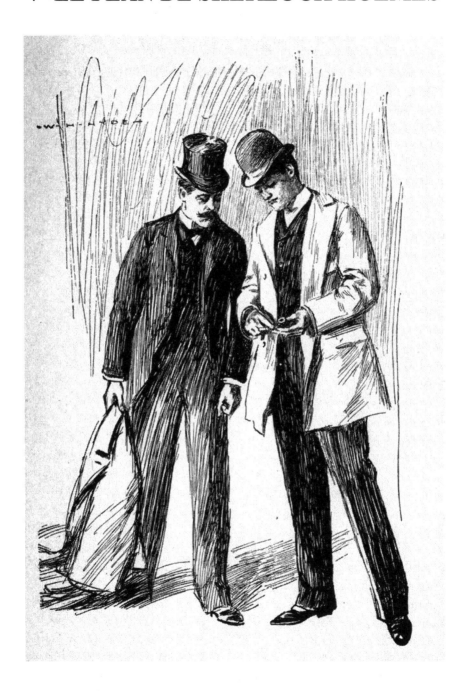

A LAS DIEZ DE LA NOCHE Holmes llegó al apartamento con dos hombres. Uno de ellos era Peter Jones, agente de Scotland Yard. El otro, era un **desconocido** alto y elegante, con sombrero y traje negro.

–Estamos listos, Watson –me dijo Holmes **cuando llegó**– Ya conoces al agente Jones, de Scotland Yard.

–Buenas noches, agente Jones –dije saludándolo con un apretón de manos–. ¿Cómo estás?

–Estoy muy bien, Watson. **Me complace** verte.

–Lo mismo digo yo –le dije.

–Watson –dijo Holmes–, quiero que conozcas al señor John Merryweather, el director del Banco de Londres.

–Mucho gusto, señor Merryweather –dije estrechando su mano.

–Es un placer, doctor Watson –dijo el **banquero**.

–Bueno, caballeros, es hora de partir –dijo Holmes–. El banco **nos espera**.

–¿Está usted seguro de que alguien intentará robar mi banco esta noche, señor Holmes? –preguntó Merryweather **evidentemente preocupado**.

–Estoy seguro, señor. Y si queremos evitar el crimen debemos marcharnos ahora mismo.

–Yo sólo espero que esto no sea **una pérdida de tiempo** –dijo el banquero–. Hoy **me aguardaba** un **juego de cartas**. Es la primera noche de sábado en veintisiete años que no juego **mi partida**.

–Pues, esta noche está en juego algo mucho más importante – dijo Holmes–. ¡La partida **que nos espera** será la más emocionante **de toda su vida**! Si todo sale bien, evitaremos que roben su banco. Y usted, amigo Jones, podrá atrapar al culpable.

–Eso espero –dijo el agente de Scotland Yard.

–¡Ojalá que todo salga bien! –dijo el director del banco, evidentemente **preocupado**.

–No se preocupe, señor Mewerryweather –dijo el agente Jones– –. Holmes es un gran detective. **Confío ciegamente en él**. No exagero al decir que es el mejor detective de Londres. Tiene la virtud de ser tan valiente como un bulldog y tan tenaz como una langosta cuando cierra sus tenazas sobre su víctima.

Sin perder tiempo, salimos del apartamento y abordamos el coche del señor Merryweather.

Juntos avanzamos a través de un interminable **laberinto** de calles iluminadas por **faros de gas** hasta que finalmente nos detuvimos frente al Banco de Londres.

Entonces un **guardia armado** abrió la puerta principal y nos dejó pasar.

¡Yo nunca imaginé lo que estaba **a punto de ocurrir**!

DESPUÉS DE LA LECTURA

VOCABULARIO

1.-A las diez de la noche = at 10 pm

2.-Desconocido = unknown

3.-Cuando llegó = when he arrived

4.-Me complace = It pleases me

5.-Banquero = banker

6.-Nos espera = waits for us

7.-Evidentemente preocupado = evidently worried

8.-Una pérdida de tiempo = a waste of time

9.-Me aguardaba = waited for me

10.-Juego de cartas = card game

11.-Mi partida = my departure

12.-Que nos espera = that awaits us

13.-De toda su vida = of all your life

14.-Preocupado = worried

15.-Confío ciegamente en él = I blindly trust in him

16.-Sin perder tiempo = without losing time

17.-Laberinto = laberynth

18.-Faros de gas = gas street-lamps

19.-Guardia armado = armed guard

20.-A punto de ocurrir = about to happen

EJERCICIOS

1.–Completa la oración:

a.-Buenas noches, agente Jones –dije Watson saludándolo con un apretón de _____.

b.-Yo sólo espero que esto no sea **una pérdida de tiempo** –dijo el _____.

c.-Un **guardia** _____ abrió la puerta principal del Banco

2.–Indica si es Falso o Verdadero:

a.-Holmes llegó a su apartamento con diez hombres __

b.-Merryweather era el director de la Orquesta Sinfónica de Londres __

c.-Watson nunca imagino lo que estaba a punto de ocurrir ___

3.–Preguntas de selección múltiple:

Seleccione una única respuesta por cada pregunta:

1.-¿Quiénes eran los dos hombres que acompañaban a Holmes?

a.-El capitán Nemo y el profesor Aronnax.

b.-Un agente de Scotland Yard y el Director del Banco.

c.-Romeo y Julieta.

d.-Nadie acompañaba a Holmes.

2.-¿Cómo se sentían Sherlock Holmes con respecto al supuesto robo del banco?

a.-Inseguro.

b.-Indiferente.

c.-Seguro de que sucedería.

d.-Molesto porque perdería su juego de cartas.

3.-¿A dónde se dirigieron los cuatro compañeros?

a.-Al Banco de Londres.

b.-A Wall Street.

c.-Al Teatro.

d.-Al Club de Leones.

.

SOLUCIONES CAPÍTULO 7

1.-Completa cada oración:

a.-Manos.

b.-banquero.

c.-armado.

2.-Indica si es Verdadero o Falso:

a.-F.

b.-F.

c.-V.

3.-*Preguntas de selección múltiple:*

1.-b.

2.-c.

3.-a.

8-UN ATAQUE BRUTAL

ENTRAMOS AL BANCO DE LONDRES y el señor Merryweather buscó y encendió algunas linternas. Después bajamos al sótano **protegidos por** el guardia.

Cruzamos un **oscuro corredor** y después de abrir una **enorme puerta de acero**, entramos a una **gran bóveda**. Había grandes cajas y cajones por todas partes.

–Su banco parece un lugar muy seguro –comentó Holmes, levantando la linterna y mirando a su alrededor.

–**Lo es**, señor Holmes –respondió Merryweather–. Es el banco **más seguro** de toda Inglaterra. No sé porque piensa que esta noche alguien intentará robar nuestras bóvedas.

–Ya lo verá, señor Merryweather –dijo Holmes–. ¿Me presta su bastón, por favor?

–Por supuesto –dijo el banquero dándoselo.

Holmes tomó el bastón y golpeó varias veces el suelo.

–¡Válgame Dios! –exclamó Merryweather sorprendido– ¡El piso **suena hueco**!

–Por favor, caballeros. Debo pedirles que mantengan silencio – dijo Holmes–. No quiero poner en peligro el éxito de nuestra expedición.

Todos **mantuvieron silencio**.

A los pocos segundos, Holmes dijo:

–Señor Merryweather, **según mis investigaciones** hace pocos días ustedes recibieron un importante **cargamento de oro francés**.

–Así es, señor Holmes. Hace unos meses quisimos aumentar nuestras reservas y **solicitamos** al Banco de Francia un préstamo de treinta mil napoleones de oro.

–Es mucho oro –dijo Holmes–. Bien, es momento de poner en marcha nuestro plan. Por favor, caballeros, apaguen sus linternas. **No podemos arriesgarnos** a tener una luz encendida.

Todos apagaron sus luces.

–Yo me pondré detrás de este cajón, y ustedes escóndanse detrás de aquéllos. Cuando aparezcan los ladrones, **rodéenlos** inmediatamente. Y si disparan, Watson, **no dudes en dispararles**.

Yo estaba **muy nervioso**.

¡No sabía lo que sucedería!

DESPUÉS DE LA LECTURA

VOCABULARIO

1.-Entramos al banco = we entered the bank

2.-Protegidos por = protected by

3.-Cruzamos = we crossed

4.-Oscuro corredor = dark corridor

5.-Enorme puerta de acero = enormous steel door

6.-Gran bóveda = great vault

7.-Lo es = It is

8.-Más seguro = more secure (safer)

9.-Suena hueco = sounds hollow

10.-Mantuvieron silencio = kept silent

11.-Según mis investigaciones = according to my investigations

12.-Cargamento de oro francés = French gold shipment

13.-Solicitamos = we solicited

14.-No podemos arriesgarnos = we cannot risk

15.-Rodéenlos = surround them

16.-No dudes en dispararles = do not doubt in shooting them

17.-Muy nervioso = very nervous

18.-¡No sabía lo que sucedería! = I did not know what would happen!

EJERCICIOS

1.–Completa la oración:

a.-Después de abrir una enorme puerta de acero, entraron a una gran _____.

b.-Señor Merryweather –dijo Holmes–. ¿Me presta su _____, por favor?

c.-Si disparan, Watson, no dudes en _____ –dijo Sherlock Holmes.

2.–Indica si es Falso o Verdadero:

a.-El banco parecía un lugar muy seguro __

b.-El Banco había recibido un gran cargamento de plata Italiana__

c.-Holmes les pidió a todos apagar sus linternas y esperar__

3.–Preguntas de selección múltiple:

Seleccione una única respuesta por cada pregunta:

1.-¿A dónde fueron al llegar al banco?

a.-A la oficina del director.

b.-Al baño.

c.-A la bóveda.

d.-A la cafetería.

2.-¿Qué pensó Holmes al llegar al banco?

a.-Que habría un juego de cartas.

b.-Que habría un robo.

c.-Que habría un terremoto.

d.-Que no pasaría nada.

3.-¿Cómo sonó el piso al golpearlo con un bastón?

a.-Sonó como un violín.

b.-Sonó hueco.

c.-Sonó como una campana.

d.-No sonó.

SOLUCIONES CAPÍTULO 8

1.-Completa cada oración:

a.-Bóveda.

b.-bastón.

c.-dispararles.

2.-Indica si es Verdadero o Falso:

a.-V.

b.-F.

c.-V.

3.-*Preguntas de selección múltiple:*

1.-c.

2.-b.

3.-b.

9 EL FINAL DE LA ESPERA

¡QUÉ ESPERA TAN LARGA!

Aunque sólo esperamos una hora, **a mí me pareció una eternidad**.

Yo estaba muy nervioso. Desde mi **escondite** podía ver el piso de la bóveda.

De repente, cerca de la medianoche, todos escuchamos unos golpes **debajo de nosotros**. ¡Y segundos después el piso **se fracturó**!

Los golpes continuaron hasta formar una **grieta** en el piso.

¡Todos **contuvimos nuestra respiración**!

Segundos después, de la grieta surgió la mano de un hombre, **tanteando** el piso a su alrededor.

Con un fuerte **crujido**, la mano despegó una de las grandes losas del piso, dejando un **agujero** a través del cual brilló la luz de una linterna.

Holmes, Jones, Merryweather, el guardia del banco y yo **seguimos escondidos** mientras que la cabeza de un hombre joven **se asomó** a través del agujero:

¡Era Spaulding, el asistente del señor Wilson!

El criminal miró a su alrededor y, **colocando** una mano en cada lado del agujero, salió hasta los **hombros** y luego hasta la cintura.

Un instante después, Spaulding salió completamente del agujero.

Inmediatamente, el agente Jones saltó sobre él, **agarrándolo** por el cuello de la **chaqueta**.

–¡Estás arrestado **en nombre de la Ley**! –exclamó Jones **sin soltarlo**.

–¿Qué? –preguntó Spaulding intentando escapar.

En ese momento, el guardia del banco también lo agarró, **evitando su escape**.

–¡Sabíamos que vendrías! –dijo Holmes, acercándose a él con satisfacción.

–¿**Pero cómo**? –preguntó el criminal.

–Elemental, mi querido Spaulding. **Debo admitir** que la idea de la Liga de los Pelirrojos fue muy original. Pero **cometiste** varios errores.

Spaulding miró a Holmes con asombro.

–¡Es usted! –dijo **reconociendo** a mi amigo– ¡Usted es el hombre que hoy fue a la tienda!

–Así es. Soy Sherlock Holmes.

–¿Sherlock Holmes? –preguntó Spaulding–. ¿El célebre detective?

–Así es –dije saliendo de mi escondite–. Y yo soy el doctor Watson, su asistente.

–¿Usted? ¿Pero usted no quería comprar un reloj de bolsillo?

–¡Absolutamente no! –contesté–. Todo era parte del **magnífico** plan de Holmes...

–Tranquilo, Spaulding –le dijo Jones–. **Extiende tus manos** para ponerte las **esposas.** Y ahora prepárate, porque **iremos directo** a Newgate, donde te espera tu nuevo **hogar:** ¡La **prisión** de Londres!

DESPUÉS DE LA LECTURA

VOCABULARIO

1.-¡Qué espera tan larga! = What a long wait!

2.-A mí me pareció una eternidad = It seemed like an eternity to me

3.-Escondite = hiding place

4.-De repente = suddenly

5.-Debajo de nosotros = below us

6.-Se fracturó = fractured

7.-Grieta = crack

8.-Contuvimos nuestra respiración = we held our breaths

9.-Tanteando = feeling (probing)

10.-Crujido = crunch

11.-Agujero = hole

12.-Seguimos escondidos = we kept hiding

13.-Se asomó = peeked out

14.-Colocando = placing

15.-Hombros = shoulders

16.-Agarrándolo = grabbing him

17.-Chaqueta = jacket (coat)

18.-En nombre de la Ley = In name of the Law

19.-Sin soltarlo = without releasing him

20.-Evitando su escape = avoiding his escape

21.-Pero ¿cómo? = But, how?

22.-Debo admitir = I must admit

23.-Cometiste = you commited

24.-Reconociendo = recognizing

25.-Magnífico = magnificent

26.-Extiende tus manos = extend your hands

27.-Esposas = handcuffs

28.-Iremos directo = we will go directloy

29.-Hogar = home

30.-Prisión = prison (jail)

EJERCICIOS

1.–Completa la oración:

a.-Aunque sólo esperamos una hora, a mí me pareció una _____ -dijo Watson.

b.-¡Estás _____ en nombre de la Ley! –exclamó Jones sin soltarlo.

c.-Tranquilo, Spaulding –le dijo Jones–. Extiende tus _____ para ponerte las esposas.

2.–Indica si es Falso o Verdadero:

a.-Mientras esperaban Watson estaba muy tranquilo__

b.-La cabeza del hombre que se asomó a través del agujero era de Wilson __

c.-Spaulding miró a Holmes con asombro ___

3.–Preguntas de selección múltiple:

Seleccione una única respuesta por cada pregunta:

1.-¿Quién se asomó por el agujero del piso?

a.-Wilson.

b.-Watson.

c.-Spaulding.

d.-Donald Trump.

2.-¿Quién capturó a Spaulding?

a.-El agente Jones.

b.-Wilson.

c.-Hillary Clinton.

d.-JLo.

3.-¿A dónde se llevó Jones a Spaulding?

a.-A Stonehenge.

b.-A la prisión de Londres.

c.-Al Museo del Hombre en Londres.

d.-A Disney World.

SOLUCIONES CAPÍTULO 9

1.-Completa cada oración:

a.-eternidad.

b.-arrestado.

c.-manos.

2.-Indica si es Verdadero o Falso:

a.-F.

b.-F.

c.-V.

3.-Preguntas de selección múltiple:

1.-c.

2.-a.

3.-b.

10– CONSIDERACIÓN FINAL

ESA NOCHE mientras que Holmes y yo caminamos a nuestro apartamento de Baker Street le dije:

–Estoy sorprendido, Holmes. **Todavía ignoro cómo resolviste el caso.**

–¿**Realmente lo ignoras**?

–Sí, Holmes. **Por ejemplo,** ¿cómo sabías que Spaulding intentaría robar el banco esta noche.

–**Inicialmente** no lo sabía –admitió el detective–. Yo sólo quería resolver el misterio de la Liga de los Pelirrojos. Después de escuchar a Wilson supe que la idea **contratarlo** para copiar la enciclopedia era alejarlo varias horas diarias de la tienda. Eso estaba **muy claro**. Sin embargo, **yo no sabía por qué.**

–¿Y **por qué sospechaste** de Spaulding?

–Porque Spaulding fue la primera persona que le habló a Wilson de la Liga de los Pelirrojos. Sin él, nunca hubiera sabido que existía. **Obviamente** estaba **involucrado.**

–¿Y el señor Hopkins?

–Su verdadero nombre es William Morris, como le informaron a Wilson. Esta tarde, al salir del concierto, lo investigué y descubrí que es un viejo actor, poco conocido en Londres. Es evidente que Spaulding lo contrató para que **interpretara el papel** del hijo del fundador de la Liga de los Pelirrojos. La policía lo busca para capturarlo.

–¿Cómo sabías que Spaulding quería robar el banco?

–La tienda de Wilson es muy pequeña y según él nada faltaba. **Por lo tanto**, el interés de alejarlo varias horas al día no era para robarla. Debía haber otro motivo. ¿Pero cuál? Entonces, cuando visitamos la tienda, hice tres descubrimientos.

–¿Tres descubrimientos?

–Sí, Watson. Primero, descubrí que la tienda estaba justo al lado del Banco de Londres. Segundo, cuando Spaulding subió del sótano noté que las **rodillas** de sus pantalones estaban sucias. Era como si hubiera estado **arrodillado** sobre la **tierra**. Entonces deduje que excavaba un túnel… un túnel hacia otro edificio. Y tercero, cuando salimos y caminé alrededor del edificio dando golpes fuertes en el suelo con mi bastón, **descubrí** que el piso entre la tienda y el banco sonaba hueco.

–¡Increíble! ¿Y cómo sabías que Spaulding hoy intentaría robar el banco?

–Elemental, mi querido Watson. La **desaparición** de la Liga fue la señal de que Spaulding ya no necesitaba que Wilson se alejara de la tienda. Era evidente que el túnel ya estaba terminado. Pero debía ser usado **enseguida**, antes de ser descubierto. Además, el sábado es el mejor día porque tendría dos días para escapar antes de que el robo fuera descubierto. Por eso concluí que hoy cometería el crimen.

–¡Tu razonamiento es admirable, Holmes, simplemente maravilloso! –exclamé sin **disimular** mi gran admiración por mi buen amigo.

–Al menos **me salvó del aburrimiento** –contestó Holmes, bostezando–. Mi vida consiste en un **prolongado esfuerzo** por escapar de la **monotonía de la existencia**. Y estos pequeños problemas **me ayudan a conseguirlo**. Después de todo, como dijo el célebre escritor francés Gustave Flaubert: "**La vida no es nada, el trabajo es todo**".

DESPUÉS DE LA LECTURA

VOCABULARIO

1.-Esa noche = that night

2.-Todavía ignoro cómo resolviste el caso = I still ignore how you solved the case

3.-¿Realmente lo ignoras? = Do you really ignore it?

4.-Por ejemplo = For example

5.-Inicialmente = initially

6.-Contratarlo = hire him

7.-Muy claro = very clear

8.-Yo no sabía por qué = I did not know why

9.-¿Y por qué sospechaste...? = And why did you suspect?

10.-Obviamente = obviously

11.-Involucrado = involved

12.-Interpretara el papel = interpret the role

13.-Por lo tanto = therefore (thus)

14.-Rodillas = knees

15.-Arrodillado = kneeling

16.-Tierra = earth (ground)

17.-Descubrí = I discovered

18.-Desaparición = disappearance

19.-Enseguida = right away

20.-Disimular = dissimulating (hiding)

21.-Me salvó del aburrimiento = saved me from boredom

22.-Prolongado esfuerzo = prolonged effort

23.-Monotonía de la existencia = monotony of existence

24.-Me ayudan a conseguirlo = help me find it

25.-La vida no es nada, el trabajo es todo = life is nothing, work is all

EJERCICIOS

1.–Completa la oración:

a.- Estoy sorprendido, Holmes. Todavía _____ cómo resolviste el caso -dijo Watson.

b.-Holmes ¿cómo sabías que _____ hoy intentaría robar el banco?-preguntó Watson.

c.-¡Tu razonamiento es _____, amigo Holmes, simplemente maravilloso!

2.–Indica si es Falso o Verdadero:

a.-Spaulding no sabía nada de la Liga de los Pelirrojos ____

b.-Cuando Spaulding subió del sótano sus pantalones estaban muy limpios__

c.-Watson admiraba a Holmes __

3.–Preguntas de selección múltiple:

Seleccione una única respuesta por cada pregunta:

1.-¿Por qué Holmes sospechó de Spaulding?

a.-Porque fue el primero en mencionar la Liga de los Pelirrojos.

b.-Porque no era pelirrojo.

c.-Porque era un gigante.

d.-Porque era un pequeño niño.

2.-¿Cuántos descubrimientos hizo Holmes cuando fue a la tienda?

a.-Cinco.

b.-Tres.

c.-Diez.

3.-¿Quién dijo que *"La vida no es nada, el trabajo es todo".*

a.-Gustave Flaubert.

b.-William Shakespeare.

c.-Alicia Keys.

d.-Don Quixote.

SOLUCIONES CAPÍTULO 10

1.-Completa cada oración:

a.-ignoro.

b.-Spaulding.

c.-admirable.

2.-Indica si es Verdadero o Falso:

a.-F.

b.-F.

c.-V.

3.-*Preguntas de selección múltiple:*

1.-a.

2.-b.

3.-a.

ESLC READING WORKBOOKS SERIES

VOLUME 1:
THE LIGHT AT THE EDGE OF THE WORLD
by Jules Verne

VOLUME 2:
THE LITTLE PRINCE
by Antoine de Saint-Exupery

VOLUME 3:
DON QUIXOTE
by Miguel de Cervantes

VOLUME 4:
GULLIVER
by Jonathan Swift

VOLUME 5:
THE ADVENTURES OF SHERLOCK HOLMES
by Sir Arthur Conan Doyle

VOLUME 6:
20,000 LEAGUES UNDER THE SEA
by Jules Verne

VOLUME 7:
THE PICTURE OF DORIAN GRAY
by Oscar Wilde

PUBLISHED BY:
EASY SPANISH LANGUAGE CENTER

TRANSLATED AND CONDENSED BY:
Álvaro Parra Pinto

PROOFREADING AND EDITING:
Magaly Reyes Hill
María Josefa Pérez

EDITOR:
Alejandro Parra Pinto

ILLUSTRATIONS BY:
Alphonse de Neuville & Edouard Riou

PUBLISHED BY:
Easy Spanish Language Center (ESLC)r

CHECK OUT OUR SPANISH READERS IN AMAZON!

CHILDREN´S BOOKS IN EASY SPANISH SERIES

VOL. 1: PINOCHO

VOL. 2: JUANITO Y LAS HABICHUELAS MÁGICAS

VOL. 3: ALICIA EN EL PAÍS DE LAS MARAVILLAS

VOL. 4: PETER PAN

VOL 5: LA SIRENITA

VOL. 6: LA BELLA DURMIENTE

VOL. 7: BLANCANIEVES Y LOS SIETE ENANOS

VOL. 8: LA CENICIENTA

VOL. 9: EL LIBRO DE LA SELVA

VOL 10: EL JOROBADO DE NOTRE DAME

VOL 11: HANSEL Y GRETEL ¡y más!

VOL 12 GULLIVER

VOL 13: RAPUNZEL

VOL 14: LA REINA DE LAS NIEVES

VOL 15: BAMBI

VOL 16: LA BELLA Y LA BESTIA

VOL 17: HÉRCULES

FUNNY TALES IN EASY SPANISH SERIES

VOL. 1: JAIMITO VA A LA ESCUELA

VOL. 2: EL HOSPITAL LOCO

VOL. 3: VACACIONES CON JAIMITO

VOL. 4: EL HOSPITAL LOCO 2

VOL. 5: RIENDO CON JAIMITO

VOL. 6: NUEVAS AVENTURAS DE JAIMITO

VOL. 7: JAIMITO REGRESA A CLASES

VOL. 8: JAIMITO Y EL TÍO RICO

VOL. 9: JAIMITO Y DRÁCULA

VOL. 10: JAIMITO Y MR. HYDE

BEDTIME STORIES IN EASY SPANISH

VOL 1: RICITOS DE ORO Y OTROS CUENTOS

VOL 2: PULGARCITO Y OTROS CUENTOS

VOL 3: LOS TRES CERDITOS Y OTROS CUENTOS

VOL 4: LOS ZAPATOS MÁGICOS Y OTROS CUENTOS

VOL 5: EL GATO CON BOTAS Y OTROS CUENTOS

VOL 6: CAPERUCITA ROJA Y OTROS CUENTOS

VOL 7: RUMPELSTILTSKIN Y OTROS CUENTOS

VOL 8: LOS DUENDES Y EL ZAPATERO Y OTROS CUENTOS

VOL 9: EL SASTRECITO VALIENTE Y OTROS CUENTOS

VOL 10: EL PATITO FEO Y OTROS CUENTOS.

SELECTED READINGS IN EASY SPANISH SERIES

VOL 1: TARZÁN DE LOS MONOS y...

VOL 2: LOS VIAJES DE GULLIVER y...

VOL 3: DE LA TIERRA A LA LUNA y...

VOL 4: ROBINSON CRUSOE y...

VOL 5: VIAJE AL CENTRO DE LA TIERRA y...

VOL 6: CONAN EL BARBARO y...

VOL 7: EL RETRATO DE DORIAN GRAY y...

VOL 8: DR. JEKYLL AND MR. HYDE y...

VOL 9: LA ISLA MISTERIOSA y...

VOL 10: DRÁCULA y...

VOL 11: ROBIN HOOD

VOL 12: LA VUELTA AL MUNDO EN 80 DÍAS

CHECK OUT OUR SPANISH READERS IN AMAZON!